外贸新手速成笔记

赵永秀 编著

化学工业出版社
·北京·

内容简介

《外贸新手速成笔记》以“速成”为导向，为外贸从业者提供了一套系统、实用的知识指南。面对国际贸易规则、跨境物流、海关流程、汇率风险、跨文化沟通等复杂环节，本书以“新手友好”为原则，将庞杂的外贸知识体系拆解为15个关键模块，涵盖从业务启动、合同签订、市场调研、付款方式选择、信用证审核到备货、物流、报检、报关、投保跟踪、收货确认、货款回收及售后维护的全流程。每一章均聚焦实际场景，提炼出关键操作步骤与避坑指南，例如如何高效谈判、怎样审核信用证条款、怎样应对物流延误等，帮助读者快速建立系统认知。

本书特色在于“模块化 + 场景化”设计，语言简洁、逻辑清晰，摒弃冗长理论，直击实务痛点，并提供可复用的工具模板与案例解析。读者无论是系统学习外贸知识，还是在工作中随时查阅解决方案，均能快速定位所需内容。

无论你是渴望拓展国际业务的创业者，还是初入职场的外贸新人，本书都将助你高效跨越行业门槛，精准把握每个环节的风险与机遇，在全球化浪潮中从容应对挑战，快速成长为独当一面的外贸达人。

图书在版编目（CIP）数据

外贸新手速成笔记 / 赵永秀编著 . -- 北京：化学工业出版社，2025.11（2026.4重印）. -- ISBN 978-7-122-48907-4

Ⅰ. F75

中国国家版本馆 CIP 数据核字第 2025S78C25 号

责任编辑：陈　蕾

责任校对：田睿涵　　　　装帧设计：程　超

出版发行：化学工业出版社（北京市东城区青年湖南街 13 号　邮政编码 100011）

印　　装：三河市双峰印刷装订有限公司

710mm×1000mm　1/16　印张 $4\frac{3}{4}$　字数 78 千字　2026 年 4 月北京第 1 版第 4 次印刷

购书咨询：010-64518888　　　　售后服务：010-64518899

网　　址：http://www.cip.com.cn

凡购买本书，如有缺损质量问题，本社销售中心负责调换。

定　　价：25.00 元

前 言

外贸产业犹如一片充满机遇的蓝海，吸引着无数追梦者投身其中。无论是想要拓展业务边界的创业者，还是想要在国际商务舞台崭露头角的新人，都期望快速掌握外贸业务，在这片广阔的蓝海中开辟出属于自己的道路。

然而，外贸行业知识体系庞杂——从国际贸易规则、跨境物流运输，到海关报关流程、汇率风险；从与客户沟通谈判，到外贸合同签订与执行，每一个环节都充满了挑战。

本书聚焦外贸核心业务，分为开启外贸业务、签订国际贸易合同、开展外贸市场调研、牢记国际贸易术语、选择订单付款方式、信用证跟催与审核、备货各环节业务跟进、出货与运输安排、报检、报关、货物运输投保、货物运输过程跟踪、客户收货跟进、货款回收、客户关系维护等15章展开讲解。

全书采用模块化结构，以简洁明了的语言、清晰的知识框架，将外贸知识由浅入深、系统全面地呈现在读者面前。

外贸之路虽然充满荆棘，但也会带来惊喜与收获。愿这本书能化作读者手中的指南针，帮助读者在复杂的外贸世界中找准方向，快速成长为独当一面的外贸达人。

编著者

目 录

第一章

开启外贸业务

开发海外客户与处理询盘是外贸业务的核心环节。

一、客户开发

1. 确定目标客户

<table>
<tr><td rowspan="3">行业维度</td><td>关注高增长行业：通过联合国贸易数据库（UN Comtrade）、Statista 等工具，筛选出全球进口额年增长率超 10% 的行业</td><td>例如，在 UN Comtrade 中输入 HS8703（电动汽车），查询 2020~2024 年全球进口数据
结果分析：2020 年全球进口额为 200 亿美元；2024 年全球进口额为 303 亿美元。对比主要进口国（如德国、美国）的增长率，发现德国进口额年增 18%，因此可优先开发该国客户</td></tr>
<tr><td>聚焦政策利好行业：研究目标国产业政策</td><td>例如，新能源行业中的光伏组件、储能设备在欧洲、东南亚市场的需求激增（德国、荷兰等国碳中和政策推动）
口罩、医疗检测仪器在新兴市场（印度、巴西）的需求持续增长</td></tr>
<tr><td>考虑行业供应链与物流特性</td><td>生鲜食品、精密仪器等对时效要求较高的行业，优先选择邻近港口的国家（如中国出口海鲜至日本）
大宗货物（如建材）出口会选择海运成本低的国家（如东南亚、中东）</td></tr>
<tr><td>客户类型</td><td>品牌商与零售商（Brand Owners & Retailers）：注重品牌形象、供应链稳定性及产品合规性。例如，沃尔玛要求供应商通过 Sedex 认证，对订单交付周期控制也比较严格</td><td>提供 OEM/ODM 服务，结合 AI 设计工具快速响应需求。例如，为瑞典家居品牌设计节能型智能照明系统时，需附上碳排放对比数据
通过联合研发、独家分销等方式建立深度合作。例如，某中国企业与墨西哥建材商合作开发符合 US MCA 标准的绿色建材，2024 年对美出口增长了 27%</td></tr>
</table>

续表

客户类型	进口商与批发商（Importers & Wholesalers）：价格敏感，注重供货能力与物流效率	通过规模化采购降低单价，同时提供"关税 + 物流"总成本报价
	跨境电商卖家（Cross-Border E-Commerce Sellers）：小批量多种类采购，注重柔性供应链与快速响应。例如，独立站电商（如SHEIN）钟爱 7 天打样、30 件起订的定制化服务	在目标市场布局海外仓（如印度尼西亚雅加达仓 3 日达），缩短物流时效并提供本地服务 利用神策数据追踪东南亚用户行为发现，20:00~22:00 为智能家居设备搜索高峰，在 TikTok 直播中主推"夜间安防套餐"，转化率可提升 27%
	代理商与分销商：依赖品牌授权与市场支持，追求独家代理权益	提供品牌故事、营销素材及培训资源，帮助代理商提升市场认知
	政府与公共部门：重视社会责任、环保标准及长期合作。例如，联合国机构采购光伏项目要求通过 ISO 14064 认证	利用海关数据分析平台筛选政府采购记录，如某中东国家 2024 年基建项目招标信息

2. 主流开发渠道

（1）线上平台

B2B 平台	阿里巴巴国际站	全球最大的 B2B 平台之一，覆盖 200 多个国家和地区，支持多语言搜索，并提供信用保障，适合中小型供应商的批发定制、样品采购等业务
	环球资源网	在欧美中高端市场中，知名度较高、影响力较大。该平台严格审核供应商资质，具有丰富的线下展会资源，是品牌出海的优质选择
	中国制造网	主要聚焦中国供应商，在机械、建材等领域有优势。询盘精准度较高，能帮助供应商有效地获取潜在客户的询盘
	Industry Stock	2003 年起源于德国，是欧洲第一工业 B2B 网站的领导者，深耕欧美市场，辐射全球，为工业品外贸企业提供了重要的展示和交易平台
	Thomasnet	是美国乃至全球知名的工业领域 B2B 网站，历史悠久，拥有庞大的供应商和买家数据库，涵盖众多工业品类，是工业品外贸企业开拓美国市场的重要平台之一
	ZZap	是全球最大的包装和纸制品 B2B 平台，为从事包装材料、纸制品进出口业务的外贸企业提供了丰富的资源，便于他们寻找各类供应商及采购商

续表

B2B 平台	Electronica Global	聚焦电子元器件、电子设备、电子制造服务等领域，汇集全球众多的知名电子企业和供应商，为电子外贸企业的业务对接提供了机会
	Stoex	欧洲知名的建材和家居 B2B 平台，为建材、家居饰品、家具等外贸企业提供了展示和销售渠道，有助于他们拓展欧洲市场，与当地建筑商、装修公司、零售商等建立合作关系
	Medical Devices Network	聚焦医疗领域，涵盖诊断设备、治疗器械、医用耗材等产品，可帮助相关外贸企业与全球医疗机构、经销商等建立联系
	TOMAAT	聚焦食品和饮料领域，为食品生产商、供应商和采购商提供了专业的交易平台，方便外贸企业展示产品、寻找合作伙伴
社交媒体平台	Facebook	活跃用户众多，可通过搜索产品、上游企业关键词或“关键词＋国家”等，加入相关群组，寻找潜在客户；还可创建企业页面，发布产品信息和企业动态，吸引客户关注
	TikTok	是字节跳动旗下的短视频社交平台，是抖音的国际版本，于 2017 年 5 月上线，发展愿景是“激发创造，带来愉悦（Inspire Creativity and Bring Joy）。TikTok 覆盖全球 150 多个国家和地区，在多个国家和地区多次登上当地 App Store 或 Google Play 的下载榜前列。它为用户提供了一个展示自我、分享创意的平台，也为企业提供了一个营销和推广的渠道
	LinkedIn	是一个职场社交平台，企业可完善公司资料和个人资料，添加行业相关人士为好友，并利用平台算法获取更多好友资料，进而拓展客户资源；也可发布专业内容，吸引潜在客户
	Twitter	外贸企业可关注相关企业和人士，发布有价值的产品信息和行业动态，与潜在客户互动，建立联系
	Instagram	该平台适合展示产品图片和视频等内容。企业可通过创建品牌账号、发布吸引人的内容、使用相关主题标签，吸引目标客户关注，进而将目标客户转化为实际客户
搜索引擎	搜索引擎	在 Google、Yahoo、Yandex 等搜索引擎中，输入产品关键词、行业关键词与邮箱后缀的组合，或加上特定国家、地区等限定词，找到相关公司的网站和联系方式，可进一步开发客户。商家在 Google My Business 注册并完善资料后，其信息会展示在 Google 搜索、地图等平台上，方便客户查找
电商平台	电商平台	从事跨境电商业务的企业，可通过亚马逊、速卖通、eBay 等国际电商平台，将产品展示给全球消费者。外贸企业通过优化产品标题、描述和图片等信息，可提高产品曝光率，吸引大量海外客户；同时通过平台的客户管理系统，可与客户保持沟通，提升客户忠诚度

续表

行业论坛和社区	行业论坛和社区	在这些平台上，企业可通过回答客户问题、分享专业知识和经验，树立品牌形象，了解客户需求和行业动态，同时与潜在客户建立联系，适时推广产品和服务

（2）线下展会

线下展会是一种传统的展览展示活动，通常在特定的场馆（如展览馆、会议中心等）举办。参展商可在展会设置展位，展示自己的产品或服务，与客户进行面对面交流，从而达到推广品牌、拓展业务、促进销售等目的。

展会的特点	直观性	参展商可以将实物产品直接展示在展位上，让客户直观地看到产品的外观、材质、工艺等细节；还可以通过现场演示、试用等方式，让客户深入地了解产品的功能和使用方法
	互动性	参展商的工作人员可以与客户进行面对面的沟通，解答客户疑问，了解客户需求和反馈；客户也可以直接向参展商提问，获取产品的详细信息
	体验性	展会现场的装饰、灯光、音效等元素可以营造出独特的氛围，增强客户的体验感。例如，一些科技类展会通过高科技展示，让客户感受到科技的魅力；而一些时尚类展会则通过时尚产品陈列和走秀活动，传递潮流信息
	集中性	是各企业进行商业合作的场所，也是同行之间交流经验、分享行业趋势、探讨技术发展的平台，有助于企业了解行业动态，把握市场方向
展会的类型	综合性展会	涵盖多个领域的产品或服务，规模较大，客户群体比较广泛。例如，世界博览会会展示各国在科技、文化、经济等方面的成果
	专业性展会	聚焦某一特定行业或领域，包括电子科技、汽车、航空航天、制造业、食品饮料、服装时尚等。参展商能够在短时间内达成合作目的，准确了解全行业的状况与发展趋势
知名国际展会	世界博览会	是某个国家政府主办、多个国家或国际组织参加的展现人类在社会、经济、文化和科技等领域取得的成就的国际性展示会。例如，世博会展示了各国在科技、文化、经济等方面取得的成果，对推动各国交流与合作、促进科技进步和文化融合起到了重要作用
	德国汉诺威工业博览会	是世界上规模比较大的工业展会，涵盖了工业自动化、动力传动与控制、工业零部件、能源、数字化工厂等多个领域，吸引了全球众多的工业企业和专业人士，是工业领域新技术、新产品的重要展示平台，对全球工业发展起着重要的引领作用

续表

知名国际展会	美国芝加哥国际制造技术展览会（IMTS）	是北美地区规模最大、最具影响力的制造技术展览会，每两年举办一次。展会聚焦金属加工、机床工具、工业自动化、机器人等领域，展示了制造业最新的技术和设备，为制造商、供应商和专业人士提供了交流和合作的机会
	美国拉斯维加斯国际消费电子展（CES）	是全球最大的消费电子技术展，也是全球最大的消费技术产业盛会。众多科技企业会在展会上发布最新的电子产品和技术，如智能手机、智能家居设备、虚拟现实技术等，吸引了来自世界各地的制造商、零售商、媒体和消费者
	德国柏林国际电子消费品展览会（IFA）	是欧洲较大的消费电子和家电展览会之一，每年在德国柏林举行。展会涵盖了消费电子、家用电器、通信技术、数码产品等领域，展示了各类创新产品和技术，是全球消费电子和家电企业展示品牌形象、发布新品、拓展市场的重要平台
	德国法兰克福国际车展	是世界上规模较大的车展之一，也是汽车行业重要的展示平台，每两年举办一次。各大汽车品牌会展示最新的车型、技术和设计理念，涵盖了轿车、商用车、摩托车等多个产品，吸引了各国汽车制造商、供应商、媒体和汽车爱好者的关注
	美国底特律北美国际车展	是北美地区较大的汽车展览会之一，具有悠久的历史和广泛的影响力。车展展示了世界各地的汽车品牌和车型，包括新款轿车、SUV、皮卡、跑车等，同时也展示了汽车行业的最新技术，是汽车制造商发布新品、展示品牌实力的重要舞台
	法国巴黎时装周	世界四大时装周之一，被誉为时尚界的顶级盛会。每年春夏、秋冬举办两季，全球众多知名的时尚品牌和设计师会在展会展示最新的服装系列和设计理念，是时尚产业的重要风向标，同时众多时尚买手、媒体和明星也会积极参与
	意大利米兰时装周	世界四大时装周之一，以独特的风格和精湛的工艺闻名于世。米兰时装周展示了意大利本土和国际时尚品牌的最新系列，涵盖了服装、配饰、鞋履等多个领域，对全球时尚产业的发展有着重要的影响
	意大利博洛尼亚国际陶瓷卫浴展览会	是全球陶瓷卫浴行业重要的展会之一，展示了陶瓷卫浴领域的最新产品、技术和设计趋势，吸引了来自世界各地的制造商、供应商、设计师和专业人士，对全球陶瓷卫浴行业的发展起到了重要的推动作用
	德国科隆国际家具展	展会展示了各类家具产品，包括客厅家具、卧室家具、厨房家具、办公家具等，以及家具行业最新的设计理念、材料和技术，是家具制造商展示品牌形象、发布新品、拓展市场的重要平台，对全球家具行业的发展有着重要的影响

续表

中国知名展会	中国进出口商品交易会（广交会）	由商务部和广东省人民政府联合主办，中国对外贸易中心承办，是我国历史长、规模大、商品全、采购商多、成交效果好、信誉佳的综合性国际贸易盛会，被誉为“中国第一展”，也是中国外贸的晴雨表、风向标，每年举办两次
	中国国际进口博览会（进博会）	世界上第一个以进口为主题的国家级展会，由商务部和上海市人民政府主办，举办周期为一年一次，旨在推动贸易自由化和经济全球化，是中国主动向世界开放市场的重要举措
	中国国际高新技术成果交易会（高交会）	由商务部、科技部、工业和信息化部、国家发展改革委、农业农村部、国家知识产权局、中国科学院、中国工程院和深圳市人民政府共同举办，是中国规模较大的科技类展会。集成果交易、产品展示、高层论坛、项目招商、合作交流于一体，重点展示节能环保、生物、高端装备、新能源、新材料等领域的先进技术和产品
	中国—东盟博览会（东博会）	是中国和东盟10国政府经贸主管部门及东盟秘书处共同主办、广西承办的国际经贸盛会，旨在促进中国与东盟的合作，面向全球开放，涵盖海关、检验检疫、金融、港口、物流、文化、科技、教育等40多个领域
	中国国际服务贸易交易会（服贸会）	是由商务部和北京市人民政府共同主办的国际性综合展会，获得了世界贸易组织、联合国贸发会议、经合组织的永久支持，涵盖运输、旅游、建筑、保险服务、金融服务、电信、计算机和信息服务、知识产权使用等12大服务贸易领域，也是中国服务贸易领域的龙头展会
	中国华东进出口商品交易会（华交会）	由上海市、江苏省、浙江省、安徽省、福建省、江西省、山东省、南京市、宁波市等9省市联合主办，上海华交会展经营服务有限公司承办，每年3月在上海举行，是我国规模大、客商多、辐射面广、成交额高的区域性国际经贸盛会
	中国义乌国际小商品（标准）博览会（义博会）	创办于1995年，由商务部、浙江省人民政府等联合主办，是国内首个植入标准元素的国际展览会，以“面向世界、服务全国”为宗旨，特色鲜明，国际化水平突出，已成为国内独具规模的日用消费品类国际展会，获得了国际展览联盟（UFI）的认证
	中国—南亚博览会暨昆明进出口商品交易会（南博会）	由中国商务部和云南省人民政府共同主办，每年一届，永久落户昆明，是中国第一个以南亚各国为合作对象的国家级博览会，也是集商品贸易、服务贸易、投资合作、旅游合作和文化交流等为一体的高水平综合性展会
	中国国际消费品博览会（消博会）	是全国首个以消费精品为主题的国家级展会，聚焦全球消费精品和首发商品，成为内外贸一体化的展示和交易平台

续表

中国知名展会	中国国际装备制造业博览会（制博会）	中国规模较大、极具影响力的装备制造业综合性展会之一，重点展示工业机器人、智能制造装备、高端智能制造服务平台等新产品、新技术

3. 数据驱动精准开发海外客户

数据驱动精准开发海外客户是指通过整合全球市场数据、企业行为数据和消费者数据，运用 AI 算法与智能工具实现目标客户的精准定位与挖掘。

海关数据应用	依托 10 亿级海关贸易订单数据（覆盖 230 多个国家），可精准识别目标市场的采购商分布、交易频率及供应链结构。例如，输入产品 HS 编码后，系统自动关联采购商名单，并通过“进口额超 100 万美元 + 中国采购占比提升”等条件筛选出高潜力客户
智能获客平台	出海派、孚盟 MX 等工具通过 AI 算法可实现多维度筛选，智能推荐目标客户

二、询盘处理

在竞争激烈的外贸与跨境电商交易中，高效处理询盘是将潜在客户转化为实际订单的关键环节。

1. 自动回复

收到询盘后，自动回复邮件或消息，告知客户已收到询盘，并承诺在多长时间内给予详细答复，让客户感受到被尊重，从而提升客户的好感。例如：“尊敬的（客户姓名），感谢您的询盘！您的需求我们已收到，我们将在 2 小时内给您详细答复，请您耐心等待。”

2. 判断询盘质量

通过客户提供的信息，判断询盘是否真实有效。例如，客户详细询问产品的规格、价格、交货期等信息，并且提供了公司背景资料，这类询盘成交可能性较高；而只简单询问价格，未提供其他信息的询盘，质量较低。

3. 详细答复

（1）结构清晰

回复客户时，首先感谢客户的关注，然后逐一解答客户提出的产品价格、质量、交货期等问题，最后表示愿意与客户进一步沟通。

（2）突出优势

展示企业的核心竞争力，如产品获得的质量认证（ISO、CE 等），企业丰富的生产经验、快速的交货能力、优质的售后服务等，让客户全面了解企业的优势。例如："我们的产品均通过了欧盟 CE 认证，质量非常有保障；工厂拥有 10 年的生产经验，可根据您的需求提供定制化服务；常规订单 7 天内即可完成生产，确保您能及时收货。"

（3）提供方案

根据客户需求，提供个性化的解决方案。若客户对价格敏感，向其推荐性价比高的产品型号或提供批量采购优惠；若客户注重产品性能，向其详细介绍产品的独特功能和技术优势。

4. 持续跟进

回复询盘后，并非意味着工作结束，还需持续跟进客户，推动交易达成。

（1）定期回访

根据客户类型和需求，制订回访计划。对于意向较高的客户，每 3~5 天跟进一次；对于意向一般的客户，每周或每两周跟进一次。可通过邮件、电话、社交媒体等渠道，了解客户的决策进度，解答客户的新问题。

（2）提供信息

在跟进过程中，为客户提供有价值的信息，如行业动态、新产品推荐、促销活动等，与客户保持互动。例如："（客户姓名）您好！近期我们整理了一份《2024 年（行业名称）市场趋势报告》，里面包含了最新的市场数据和发展方向，相信对您的业务会有帮助，现分享给您。"

（3）处理异议

客户提出异议时，应耐心解答，消除客户的疑虑。对于价格异议，可说明产品成本构成、质量优势带来的长期价值；对于质量疑虑，可提供质量检测报告、客户评价等证明材料。

5. 复盘总结

每完成一个询盘处理，都应对全过程进行复盘总结。

（1）分析成功与不足

回顾从响应到成交的每个环节，分析哪些做法促进了成交，哪些环节导致客户流失。例如，因回复不及时让客户转向竞争对手，或因方案推荐精准快速促成交易。

（2）优化流程

根据复盘结果，优化询盘处理流程，将成功经验整理成模板；针对问题制定改进措施，不断提升询盘处理能力和成交率。

三、常见问题处理

1. 客户收到报价后无回复

可在 3 天后发送“二次跟进信”，并附上对比表（列出竞品的劣势与我方产品的不可替代性），主动解答客户的疑问。

对比维度	竞品 A	竞品 B	我方产品
核心功能	仅满足基础需求，缺乏定制化选项	部分功能存在兼容性问题	支持深度定制，可根据客户业务场景灵活调整功能模块，适配性强
服务响应	平均响应时间 48 小时	无 7×24 小时客户服务	7×24 小时专属客服在线服务，紧急问题 1 小时内响应
价格体系	固定套餐，附加服务需高额费用	报价包含隐性收费项目	阶梯式定价，套餐灵活组合，无隐性消费，长期合作享专属折扣
技术保障	技术更新缓慢，系统稳定性一般	无自主研发技术，依赖第三方	拥有自主研发的核心技术，系统稳定性达 99.99%，并定期迭代升级
成功案例	行业案例较少，缺乏标杆客户	案例多为小型项目	服务超 1000 家行业头部企业，覆盖金融、医疗、制造业等多领域

2. 样品测试后未反馈

向客户发送问卷，引导客户说出自己的需求。

样品测试反馈问卷

尊敬的客户：

您好！感谢您对我们的样品进行了测试。为了能更好地满足您的需求，提升产品的质量，现诚邀您回答以下问题。您的反馈对我们至关重要！

在本次样品测试中，哪些性能指标是您重点关注的？（可多选）

□ 耐用性

□ 稳定性

□ 效率

□ 兼容性

□ 安全性

□ 其他：____________

您认为样品是否达到了您的预期？

□ 远超预期

□ 达到预期

□ 基本达标

□ 未达预期

□ 完全不达标

若样品存在不足，您希望在哪些方面进行改进？（开放题）

您是否愿意进一步与我们沟通，探讨产品优化方案？

□ 非常愿意

□ 愿意

□ 不愿意

□ 不确定

再次感谢您抽出宝贵时间填写问卷！如有任何疑问，请随时联系我们。

第二章

签订国际贸易合同

签订国际贸易合同是外贸业务的关键环节，直接影响着交易安全。

一、合同签订前的准备

1. 主体资格调查

主体资格调查包括客户资质验证和履约能力评估，如下图所示。

客户资质验证

（1）通过企业信用信息公示系统（中国）或Company House（英国）查询客户注册信息，如公司名称、注册地址等

（2）要求客户提供营业执照、税号（如欧盟VAT号）、法定代表人身份证明。对于中东客户，还需额外确认其股东结构（是否含政府背景）

履约能力评估

（1）调取客户的银行资信证明（如汇丰银行开具的Financial Reference Letter），计算客户资产负债表中的流动比率（理想值≥2）

（2）海关数据验证，通过Wiser Trade查询客户近12个月的进口记录，分析其采购频率与金额

主体资格调查的内容

目标客户资格调查情况：

公司名称： 注册地址：

营业执照： 税号（如欧盟 VAT 号）：

法定代表人身份证明：

资产负债表中流动比率：

客户近 12 个月的采购频率与金额：

结论：

2. 法律依据与争议解决

（1）法律依据

可在合同中约定优先适用中国法律，尤其是在中国境内生产或运输时；若客户坚持适用他国法律，企业需委托涉外律师审核关键条款（如违约责任、不可抗力定义等）。

无特殊约定时，合同自动适用《联合国国际货物销售合同公约》（CISG），但需注意，美国、加拿大等国对 CISG 第 11 条（合同形式）有所保留，需与其明确约定“合同需书面签署”。

适用法律：

（2）争议解决

方式	适用场景	操作建议
仲裁	跨境争议的首选解决方式，执行效力强	约定仲裁机构（如 CIETAC 或新加坡国际仲裁中心 SIAC），明确仲裁地
诉讼	金额小或无仲裁协议	选择有管辖权的法院（如合同履行地法院），需考虑境外判决难度

合同的仲裁或诉讼：

仲裁——选择的机构及仲裁地：

诉讼——在何处法院：

3. 贸易术语与风险

（1）术语匹配

FOB（装运港船上交货）：适合买方控制物流的场景。例如，在合同中注明“买方指定船公司，需提前 14 天通知卖方”，避免出现船货衔接风险。

DDP（完税后交货）：卖方承担全程风险，需在合同中明确约定进口国关税支付的方式。

（2）风险控制

用加粗字体标注关键点，同时避免模糊表述。

二、合同核心条款设计与风险控制

1. 标的物条款

（1）商品描述

标准化的商品组合描述公式：品牌 + 型号 + 技术参数 + 执行标准 + 样品编号。

（2）商品溢短装

大宗货物需约定 ±（5% ～ 10%）的数量机动幅度，同时注明计价方式。

2. 价格与付款条款

（1）计价货币避险

非美元货币需约定汇率波动阈值。

大额订单建议使用货币掉期协议（Swap Contract）锁定汇率，成本约为合同金额的 0.3% ～ 0.5%。

（2）付款方式组合

结算方式	风险等级	降低风险的建议
T/T 预付款	低	30% 预付款 +70% 见提单副本付款（适用于老客户）
L/C 即期	中	要求单据包含第三方检验证书（如 SGS），以避免货不对板的争议
OA（赊销）	高	投保出口信用保险，覆盖比例 ≥ 90%，保费约为货值的 0.8% ～ 1.5%

3. 运输与保险条款

（1）明确运输细节

海运：可注明“允许 / 不允许分批装运”“禁止转运”等内容，对集装箱还需规定箱型（如 20GP/40HQ）及清洁度要求（如 Containers to be clean, dry, free of odors）。

空运：指定货代后需提供 IATA 资质编号，运费到付时需注明“Freight collect, payable by Buyer to（指定的货代）”。

（2）保险责任划分

FOB/CFR 术语下：买方投保，可在合同中列明“买方投保一切险，保险金额为发票金额的 110% 以上”。

CIF/DAP 术语下：卖方投保，需在合同中明确险别（如一切险 All Risks）和理赔地点（如 Claims payable at destination port in USD，在目的港以美元支付赔款）。

4. 检验与索赔条款

（1）检验机构确定

出口国检验：委托 CCIC（中国检验认证集团）在装运前出具质量证书，作为付款依据之一。

目的港复验：允许买方在到港后 7 个工作日内委托当地机构（如美国 UL）进行复验。若检验不合格，买方需在 15 日内书面通知卖方。

（2）索赔时效与范围

例如，“Buyer must lodge claims within 30 days of goods arrival, limited to（××%）of contract value for quality issues, excluding force majeure.”买方必须在货物到达后 30 天内提出索赔，质量问题的索赔以合同价值的 ××% 为限，不可抗力除外。

5. 特殊条款

（1）知识产权担保

例如，“Seller warrants that goods do not infringe any third-party patents/trademarks in Buyer’s country; liability for IP disputes to be borne by Seller.”卖方保证货物不会侵犯买方所在国任何第三方的专利或商标，知识产权纠纷的责任由卖方承担。

（2）保密条款

涉及定制技术或客户数据时，可约定“Both parties shall keep business details confidential for 5 years, except as required by law.”双方需将业务详情保密五年，但法律有要求的除外。

三、合同签署与解约管理

1. 签署形式与效力

<table>
<tr><td rowspan="2">书面形式优先</td><td>传统方式</td><td>双方签字盖章后合同生效，需在合同中注明“Contract effective upon signature and seal by both parties”，本合同自双方签字盖章之日起生效</td></tr>
<tr><td>电子签约</td><td>使用 e 签宝等跨境电子合同平台签订合同，要确保符合《中华人民共和国电子签名法》及欧盟 eIDAS 法规，并保存 PDF+ 区块链存证</td></tr>
<tr><td>授权代表确认</td><td colspan="2">要求对方提供法定代表人身份证明书或授权委托书，并核对签字样式是否与预留印鉴一致</td></tr>
</table>

2. 合同变更与解除

（1）变更流程

修改合同的任何条款都需通过补充协议（Addendum）进行书面确认，例如，“This addendum No. 1 amends clause 5.2 of the original contract, specifying delivery date as september 30, 2025.”本附件第 1 号对原合同的第 5.2 条进行了修改，将交货日期定为 2025 年 9 月 30 日。

（2）解除条件

约定单方面解除合同的情形，如“Buyer fails to make advance payment within 10 days of notice, Seller may terminate the contract and claim 5% penalty.”买方未在通知后 10 天内支付预付款，卖方可终止合同并索要 5% 的违约金。

四、风险预警与争议应对

1. 履约风险预警

买方履约风险	卖方应对措施
（1）付款延迟超过 15 天且无合理解释 （2）频繁变更订单细节（如突然要求改包装、换港口） （3）海关数据显示其进口量骤减或同行投诉量增加	立即启动履约担保机制（如调用买方预付的银行保函），同时暂停生产或将货物暂存在监管仓

2. 争议解决步骤

（1）协商阶段

向对方发送争议解决函，列明违约事实（如 Shipment arrived with 20% defective units per Inspection Report No. 2025-08，根据编号 2025-08 的检验报告，到货时有 20% 的次品）、法律依据（CISG 第 35 条）、解决方案（退换货或折价），并限定对方 7 日内回复。

（2）仲裁 / 诉讼阶段

仲裁：向约定的机构提交仲裁申请书，附上合同、往来邮件、检验报告等证据。仲裁庭通常在 6 个月内结案。

诉讼：通过中国法院申请承认和执行境外仲裁裁决，提交仲裁协议、裁决书正本及中文译本，依据《纽约公约》办理。

五、合同模板与审核工具

1. 标准模板库

（1）中国五矿化工进出口商会（CCCMC）发布的《国际货物买卖合同示范文本》。

（2）联合国欧洲经济委员会（UNECE）的 FOSFA 合同（适用于农产品）及 GAFTA 合同（适用于大宗商品）。

选用的合同模板：

2. 智能审核工具

（1）LawGeex：利用 AI 自动扫描合同风险点，如管辖权、赔偿限额等，响应时间少于 5 分钟。

（2）ContractWorks：适合合同全生命周期管理，会在付款、交货期等关键时点自动提醒。

使用智能审核工具（☐ LawGeex　☐ ContractWorks）审核国际贸易合同，审核结果如下：

签订国际贸易合同需遵循“条款明确化、责任清晰化、风险可控化”原则，旨在通过法律语言精准界定双方的权利与义务，并结合行业惯例与数字化工具提升履约效率。对于首次合作或金额超 10 万美元的合同，建议委托涉外律师进行合规审查，重点关注贸易管制（如美国 EAR、欧盟 CE 认证）、制裁清单（如 OFAC）等隐藏风险，确保合同从签订到执行都合法有效。

第三章

开展外贸市场调研

外贸人员开展市场调研，系统性地收集、分析市场信息，可以精准掌握目标市场的动态。

一、调研前的准备

1. 确定调研目标

调研目标与内容如下图所示。

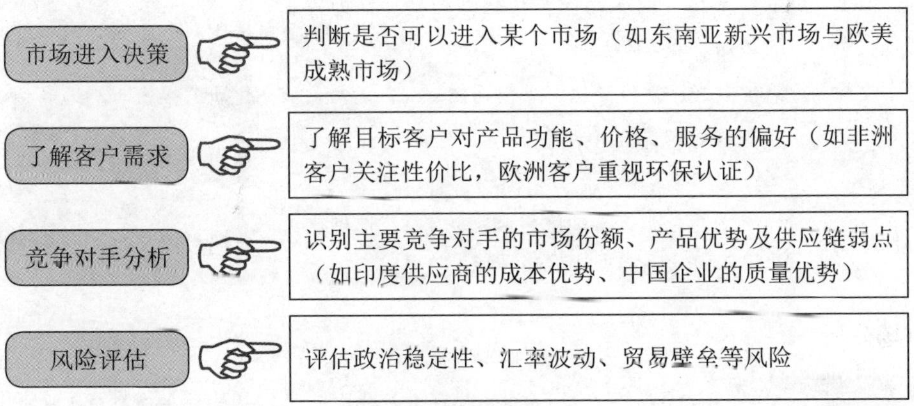

调研目标与内容

2. 界定调研范围

调研范围包括三个方面，如下图所示。

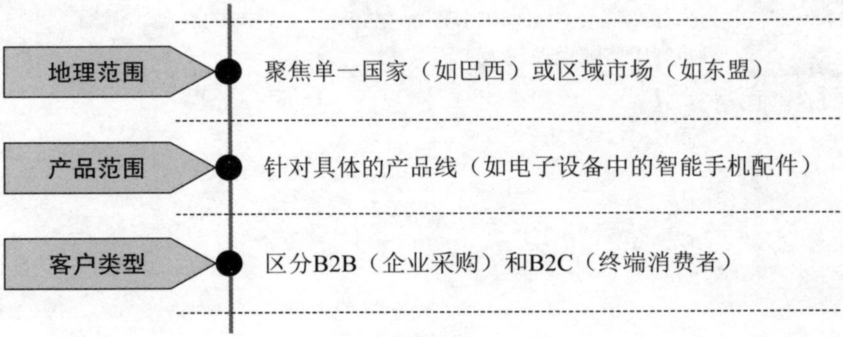

调研范围

调研目标：

调研范围：

二、核心调研内容

1. 宏观环境分析

维度	关键信息	数据来源
经济指标	GDP 增长率、人均收入、失业率、通胀率	世界银行、国家统计局官网
政策法规	进口关税、增值税率、反倾销政策、环保标准（如欧盟 CE 认证）	目标国海关总署、商务部网站
社会文化	语言偏好、宗教禁忌、节日习俗	文化研究报告、当地商会访谈
技术环境	通信基础设施、电商普及率（如东南亚移动支付使用率）	行业白皮书、科技媒体报道
自然环境	气候条件（如热带地区包装需防潮）、地理交通（如内陆国家依赖铁路运输）	气象局数据、物流行业报告

2. 市场分析

消费者行为	通过社交媒体（如 Facebook 群组）或电商平台（如亚马逊评论）分析用户反馈，例如，中东消费者在 Instagram 上对时尚产品的搜索关键词、美国环保主义者在社交平台上对可降解包装的讨论等
市场规模	参考第三方报告（如 Euromonitor）获取目标市场容量，例如，2024 年非洲智能家居市场规模达 ×× 亿美元，年增长率为 15%
趋势预测	关注行业展会（如德国 IFA 消费电子展）发布的新品，例如，2025 年可穿戴的健康监测设备成为主流
市场调查得出的结论：	

3. 竞争对手分析

（1）直接竞争对手

本地企业	分析其价格策略（如墨西哥本土品牌的低价渗透策略）、分销渠道（如线下便利店覆盖率）等
国际竞争对手	对比产品的差异（如日本企业的精细化工艺与中国企业的定制化服务）
竞争对手情况：	

（2）竞争壁垒

技术壁垒	专利布局（如韩国企业在半导体领域的专利数量）
渠道壁垒	经销商独家合作协议（如某国头部经销商仅代理欧洲品牌）
面临的竞争壁垒：	

4. 供应链与分销渠道

（1）物流成本

查询国际物流平台（如 DHL）的报价，比较不同运输方式（海运与空运）的时效与成本，例如，从中国到巴西，海运成本比空运成本低 70%，但时间长 30 天。

（2）分销层级

传统渠道	批发商→零售商→消费者（适合标准化产品，如日用品）
新兴渠道	电商平台（如东南亚 Lazada）、社交媒体直销（如 TikTok 直播带货）
合作伙伴	通过行业协会（如中国机电产品进出口商会）获取当地经销商名录，评估其信誉，确定合作意向
外贸产品的分销层级：	

5. 客户画像构建

B2B 客户	企业规模	年采购量、员工人数（如年采购金额超 100 万美元的中型企业）
	采购决策	采购经理、技术总监、CEO 的决策权重（如技术型产品需技术总监首肯）
B2C 客户	人口统计	年龄（如 Z 世代[1]占比 60%）、性别（如美妆产品女性用户占 85%）
	消费习惯	线上购物频率、支付方式偏好（如东南亚习惯现金货到付款）
客户画像：		

三、调研方法

1. 案头调研（二手数据）

免费资源	政府平台	UNComtrade（全球贸易数据）、WTO 贸易政策数据库
	行业博客	Hub Spot（营销趋势）、TechCrunch（科技行业动态）
付费服务	市场报告	Statista（行业数据）、IBISWorld（细分市场分析）
	海关数据	通过第三方公司（如格兰德）获取目标国进口商名单及采购记录
案头调研方式：		

2. 实地调研（一手数据）

面对面访谈	参加国际展会（如广交会），与目标国采购商交流，记录他们的需求（如希望交货期缩短至 15 天）	
	拜访当地商会，获取行业人脉与市场内幕（如某国近期将提高进口检验标准）	
问卷调查	线上	通过 Google Forms 向潜在客户发放问卷，收集客户的意见，例如，设置问题“您选择供应商时最关注的 3 个因素是什么”
	线下	在目标市场街头访问，例如在巴西超市门口调查消费者对中国品牌的认知度
实地调研计划：		

[1] Z 世代，通常指 1995 ～ 2009 年间出生的一代人。

3. 数字化工具

社交媒体监测	使用 Hootsuite 监测目标市场用户对品牌的评价，例如，印尼用户在 Facebook 上抱怨某品牌售后服务响应慢
大数据分析	利用 SimilarWeb 分析竞争对手网站流量的来源，例如，某企业主要通过 YouTube 视频营销来获取客户
AI 工具	使用 Google Trends 对比不同产品的搜索热度，例如，“电动自行车”在欧洲的搜索量近一年增长 200%
选用的数字化工具：	

四、数据处理与应用

1. 数据清洗与分析

（1）剔除无效数据：删除重复问卷、异常值（如某客户填写的“年采购量 1 亿件”明显不合理）。

（2）可视化呈现：用 Excel 或 Tableau 制作图表，如竞争对手目标市场份额饼图、客户需求关键词云图等。

（3）SWOT 模型应用：

优势（S）	本国供应链成本低、响应速度快
劣势（W）	品牌在目标市场的知名度低
机会（O）	目标国政策鼓励进口绿色产品
威胁（T）	本地竞争对手获得了政府补贴

数据清洗与分析结果：

2. 制定行动方案

策略	要点	具体方案
市场进入策略	（1）高风险市场（如政局不稳定的国家）：先通过电商平台试销，降低初期投入 （2）成熟市场（如美国）：与当地经销商合作，利用其资源快速铺开销售网络	

续表

策略	要点	具体方案
产品策略	（1）根据调研结果调整产品规格：如出口至欧洲的灯具需符合 ERP 能效标准 （2）开发定制化服务：为 B2B 客户提供 OEM 包装，印上其品牌 LOGO	
营销组合	（1）数字营销：在目标市场主流搜索引擎（如俄罗斯 Yandex）上投放广告 （2）线下活动：赞助当地行业会议，提升品牌曝光度	

五、常见问题的应对

问题	后果	应对措施
依赖单一数据来源	数据片面，决策失误	交叉验证多渠道数据（如海关数据 + 客户访谈）
忽视文化差异	营销内容触达率低，客户流失	聘请当地市场顾问，审核文案与设计
只关注当前市场，忽略其他领域	错过新兴机会（如新能源领域）	定期跟踪行业白皮书，参加前瞻性论坛
调研后未及时行动	信息过时，竞争对手抢占先机	设定调研成果落地时间表，责任到人

六、工具推荐

宏观数据：World Bank Data、IMF Data Mapper。

行业报告：Market Research、IBISWorld。

海关数据：ZoomInfo、Panjiva。

社交媒体分析：BuzzSumo、Brandwatch。

问卷工具：Typeform、SurveyMonkey。

通过以上方法，外贸人员可构建全面、动态的市场认知，在谈判报价、产品定位、客户开发等关键环节发挥重要作用，并降低海外市场拓展的不确定性。

第四章

牢记国际贸易术语

外贸人员选择国际贸易术语时，需综合考虑交易双方的责任划分、风险控制、成本核算、运输方式等因素。以下贸易术语源自《INCOTERMS® 2020》。

一、国际贸易术语的作用

国际贸易术语（如 FOB、CIF、FCA、CIP 等）明确了买卖双方在货物运输、风险转移、费用承担和清关办理等方面的责任，会直接影响交易成本、风险边界和合同履行效率。

二、选择贸易术语需考虑的因素

1. 运输责任

（1）卖方具备运输资源

若卖方有能力安排运输，可选择 C 组术语（CFR/CIF/CPT/CIP），由卖方承担运费，掌握运输主动权。

CIF/CIP	卖方需额外购买保险，适合海运，降低了买方风险
CPT/CIP	适合任何运输方式（如陆运、空运、铁路），灵活性更高

（2）买方可自主安排运输

可选择 F 组术语（FCA/FOB/FAS），由买方负责运输。

FCA	风险在货交承运人时转移，适合内陆企业或多式联运
FOB	仅适合海运 / 内河运输，货物在装运港越过船舷（或装上船）时，风险从卖方转移到买方

运输责任与能力分析：

（1）卖方是否具备运输资源

（2）买方是否愿意自主安排运输

2. 风险控制与保险责任

（1）风险转移节点

装运港风险	FOB/CFR/CIF 的风险在装运港船上转移，适合易损性低的货物运输或买方愿承担海运风险的场景
货交承运人风险	FCA/CPT/CIP 的风险在货交承运人时转移，适合内陆发货或提前转移风险的运输（如卖方需尽早结汇）
所选择装运港、货交承运人的风险：	

（2）保险责任

CIF/CIP	卖方需购买保险（CIF 保至目的港、CIP 保至目的地），适合买方要求卖方承担保险的场景
其他术语	保险由买方自行决定，卖方需在合同中注明“无义务投保”
保险责任分析： □由卖方投保　　□由买方投保	

3. 成本核算

（1）卖方成本构成

F 组术语	仅承担出口清关费、货交承运人 / 装船前的费用，运输成本较低，适合利润敏感型订单
C 组术语	承担运费 +（CIF/CIP）保险费，需提前核算运输成本，避免报价失误
卖方成本构成计算： F 组术语 = C 组术语 =	

（2）隐性成本

考虑目的港费用（如卸货费、仓储费）的归属。D 组术语（DPU/DAP/DDP）：卖方承担至目的地的费用，适合门到门服务，但成本较高（尤其是 DDP，需承担进口清关费和税费）。

4. 运输方式与物流场景

海运 / 内河运输	优先选择 FOB/CFR/CIF（传统海运术语）或 FCA/CPT/CIP（适合多式联运）
陆运 / 空运 / 多式联运	应选择 FCA/CPT/CIP/DPU/DAP/DDP，避免使用 FOB 等仅适用于海运等的术语
集装箱运输	避免使用 FAS（船边交货），因其需将货物置于船边，不适合集装箱操作
物流场景： □多式联运　□海运　□集装箱	

5. 客户需求与市场习惯

买方所在国惯例	例如，北美客户常用 FOB 或 EXW，欧洲客户偏好 DAP/DDP（简化买方流程）
长期合作关系	若买方希望控制物流，可协商采用 FCA+ 买方指定承运人的方式，以平衡双方利益
买方（客户）所在国有哪些惯例，是否可长期合作：	

6. 清关责任

（1）出口清关

EXW	买方负责出口清关，适合卖方无出口资质的场景
其他术语	通常由卖方负责出口清关
出口清关由哪一方负责：	

（2）进口清关

DDP	卖方承担进口清关费和税费，适合买方无进口资质或“包税”交付的场景，但卖方风险极高（如关税变动）
其他术语	进口清关由买方负责
是否需要由卖方进行进口清关：	

三、常用的贸易术语

分组	术语	运输方式	风险转移点	卖方主要责任	典型场景
F组（主运费未付）	FCA	任何方式	货交承运人时	出口清关、货交承运人	内陆工厂交货、多式联运
	FOB	海运/内河运输	装运港船上	出口清关、装船	传统海运，买方安排运输
C组（主运费已付）	CIF	海运/内河运输	装运港船上	出口清关、运费、保险	海运，卖方控制运输和保险
	CIP	任何方式	货交承运人时	出口清关、运费、保险	空运/陆运，卖方承担全程运输
D组（目的地交货）	DAP	任何方式	目的地交货时	出口清关、运费、运至目的地	买方自行清关，门到门交货
	DDP	任何方式	目的地交货时	出口+进口清关、运费、税费、保险	买方无进口资质、“包税”交付

四、注意事项

选择国际贸易术语时要注意以下事项。

- 避免使用过时术语：《INCOTERMS® 2020》中已删除“DAF”“DES”“DEQ”，改用DAP/DPU等通用术语
- 注意特殊条款：例如，使用FOB术语时，卖方需在合同中明确“买方需及时提供船期信息，否则承担滞港费”
- 考虑结算方式：信用证项下需严格匹配贸易术语（如信用证要求CIF，卖方不可擅自改用FOB）

选择国际贸易术语的注意事项

第五章

选择订单付款方式

外贸人员选择付款方式时，需注意交易安全、资金流动、客户关系及操作成本。

一、国际贸易主要的付款方式

1. 信用证（L/C， Letter of Credit）

定义	银行根据买方申请，承诺在符合条件时向卖方付款
特点	（1）安全性高：银行信用介入，可降低买方拒付风险 （2）流程复杂：需审核单据（如提单、发票、保单等），容易对“不符点”产生争议 （3）成本较高：涉及开证费、修改费、议付费（为货值的 0.1% ～ 0.5%）等费用
适用场景	（1）新客户、高金额订单或陌生市场（如中东、非洲） （2）配合 CIF/CIP 等术语，确保运输单据与信用证一致
风险提示	（1）警惕“软条款”（如客检证生效、指定货代等），可能导致付款失控 （2）银行信用≠国家信用，需评估开证行所在国的政治经济风险
客户是否适用信用证付款：	

2. 电汇（T/T， Telegraphic Transfer）

类别	前 T/T（Prepayment）	后 T/T（Open Account）
定义	买方先付款，卖方后发货（如 30% 定金 +70% 见提单副本付款）	卖方先发货，买方后付款（如货到付款、赊销）
特点	卖方零风险，适合小订单或卖方强势（如紧缺商品）的场景	买方占优，卖方承担货、款两空风险（需依赖买方信用）
适用场景	新客户试探性订单、高价值或定制化产品	长期合作的客户、竞争激烈的市场（如东南亚），需搭配信用保险（如中信保）
操作建议	（1）定金比例不低于 30%（降低买方毁约风险） （2）尾款建议见提单副本付款，避免货物到港后买方被动	
客户是否适合电汇方式：		

3. 托收（Collection）

分类	D/P（付款交单）：买方付款后才能取得单据提货 D/A（承兑交单）：买方承兑汇票后即可取单，到期再付款（风险极高）
特点	（1）依托商业信用（银行仅负责传递单据，不担保付款） （2）D/P 风险低于 D/A，但仍存在买方拒付后的货物处理成本（如退运、转卖）
适用场景	（1）客户、市场熟悉度高，且订单金额较小 （2）不建议用于新兴市场或高价值货物
风险提示	（1）限定 D/P 即期，避免 D/P 远期 （2）提前确认目的港海关政策（如巴西 D/P 需进口商配合才能退运）

客户是否适用托收付款：

4. 分期付款（Installment）

模式	按生产进度或交货阶段分笔付款（如签约 30%+ 生产中期 30%+ 交货 40%）
适用场景	（1）长周期订单（如设备制造、工程类项目） （2）需锁定买方资金以保障生产
关键条款	（1）明确各阶段付款节点与对应的履约证明（如进度照片、验收报告） （2）约定延迟付款的违约金

客户是否适用分期付款：

5. 新兴支付方式

跨境电商平台支付	PayPal（适合小额，争议处理灵活但手续费高）、Alipay International（到账快，支持人民币结算）
数字人民币 / 区块链支付	部分试点已得到国家支持，可规避 SWIFT 体系限制，降低汇率风险
供应链金融	应收账款融资（如福费廷），提前变现远期收款（需支付融资成本）

新兴支付方式的选择：

二、选择付款方式需考虑的因素

1. 客户信用与客户关系

新客户 / 低信用客户	优先选择前 T/T 或 L/C，避免托收或后 T/T
老客户 / 高信用客户	可适度放宽为 D/P 或后 T/T（如 70% 见提单副本 +30% 货到验收）
客户的信用状况及拟选的付款方式：	

外贸人员可通过信用报告（如邓白氏）、行业口碑或驻外机构了解客户资质情况。

2. 订单金额与货物特性

高金额订单	组合使用 L/C+ 前 T/T（如 30% 定金 T/T+70% 信用证），以分散风险
易腐 / 定制化货物	应选择前 T/T 全款，以免买方拒收导致损失
通用标准品	可选择托收或后 T/T，但需控制账期（如 60 天内）
客户的订单情况及选择的付款方式：	

3. 贸易术语与运输控制

FOB/FCA 术语	买方指定承运人，卖方需警惕“无单放货”（尤其记名提单），建议选择前 T/T 或 L/C
CIF/CIP 术语	卖方控制运输单据，可争取更灵活的付款方式（如 D/P）
客户对运输单据的控制情况及拟选的术语：	

4. 市场竞争与谈判地位

卖方市场（供不应求）	要求使用前 T/T 或 L/C
买方市场（供过于求）	可能需接受后 T/T 或 D/A，但需通过中信保覆盖风险
客户的优势：	

5. 外汇管制与汇率风险

高风险国家	应要求其预付硬通货（如美元、欧元），避免本地货币结算
汇率波动大的币种	利用 L/C 锁定汇率，或约定汇率调整条款（如超过 3% 的差额由买方承担）
贸易国（客户）的外汇管制与汇率风险描述：	

三、组合策略与风险对冲

1. 常用组合方案

场景	组合推荐	优势
新客户 + 中等订单（5 万美元）	30% 前 T/T+70% 见提单副本 T/T	降低买方预付款压力，保障货权
老客户 + 长期合作	20% 前 T/T+D/P at sight	平衡效率与风险
高风险国家 + 大额订单	100%L/C（保兑行加保）	银行信用双重保障
跨境电商小单	PayPal+30% 预付款	便捷，争议处理能力较强

客户场景及付款方案：

2. 风险对冲工具

常用的风险对冲工具如下图所示。

出口信用保险 → 涵盖政治风险与买方破产、拖欠等商业风险（需在出货前投保）

福费廷（Forfaiting） → 无追索权买断远期票据，提前收汇并转移风险（适用于L/C或D/A）

汇率锁定 → 通过银行远期结售汇协议，锁定收汇时的汇率（适用于3个月以上的账期）

常用的风险对冲工具

四、注意事项

注意事项	详细说明
合同条款明确	（1）注明付款方式全称（如“100% Irrevocable L/C at Sight”），避免简称引起的歧义 （2）约定银行费用的承担方（如“开证费由买方承担，议付费由卖方承担”）
单据审核严谨	（1）L/C 项下需严格按信用证要求制单（如唛头、包装证明等），避免出现不符点拒付 （2）T/T 项下需确保提单收货人信息与付款方一致，防止代收代付引发的纠纷
动态监控风险	（1）后 T/T 订单需定期评估买方付款能力（如通过企业财报、行业动态） （2）政治动荡国家的订单，需提前购买战争险并制定应急物流方案（如转港交货）

五、优先级排序

（1）安全性：优先选择银行信用（L/C）或预付款（前 T/T），尤其是高风险场景。

（2）流动性：避免过长账期（如 D/A180 天），通过融资工具提前变现。

（3）客户关系：在保证安全的前提下，为优质客户提供适度的账期优惠，以增强竞争优势。

通过系统评估交易要素并灵活组合付款方式，外贸人员可在风险可控的范围内实现订单落地与资金优化。

第六章

信用证跟催与审核

外贸人员在进行信用证跟催与审核时，需遵循合同约定和国际惯例，严格把控流程，以确保收款安全。

一、信用证跟催

1. 明确开证时间

要求		具体情况
合同约定	在贸易合同中明确买方开证的最晚时间（如装运前 30 天），避免模糊表述	开证最晚期限是： 年　月　日
提前提醒	（1）开证截止日前 1 周，通过邮件 / 电话提醒买方，确认开证银行及信用证类型（如即期、保兑等） （2）若买方延迟开证，向其发送正式的催证函并保留记录，必要时提及合同违约条款	提醒日期： 年　月　日

2. 获取副本与条款预审

要求		具体情况
索要副本	在买方开立信用证后，第一时间获取 SWIFT 电文副本，审核其条款是否与合同一致	收到副本的日期： 年　月　日
银行信誉审核	（1）对于新兴市场或中小银行，通过银行征信系统或第三方机构评估开证行信用，必要时要求加具保兑行	是否为新兴市场或中小银行（　）
	（2）若开证行信誉不足，可要求对方更换为国际知名银行	开证行信誉是否不足（　）

3. 信用证修改

（1）及时提出修改

卖方应在收到信用证后的 48 小时内完成初审，若发现有不符条款（如装运期过短、单据要求不合理等），立即书面通知买方修改，并限定修改截止时间。

信用证修改通知

尊敬的（买方公司名称）：

我方已收到贵方开具的编号为（信用证编号）的信用证。经审核，发现以下条款与合同约定不符。为确保后续业务顺利开展，现请贵方对信用证进行修改。

装运期：信用证规定的装运期为（具体日期），由于期限过短，我方无法在规定时间内完成备货及装运。根据合同约定，装运期应为（合同约定日期），请将信用证装运期修改为此日期。

单据要求：信用证中要求提供（单据名称），该单据与实际业务不符且获取难度较大，请删除此项不合理的单据要求。

请贵方务必于（修改截止日期）前完成信用证修改，并将修改后的信用证发送至我方。逾期未收到修改后的信用证，我方将视为贵方同意取消相关合作业务，由此产生的一切损失由贵方承担。

感谢贵方的理解与配合，期待与贵方的合作！

（卖方公司名称）

（日期）

注意，避免口头承诺，所有修改需以开证行的正式修改通知书（Amendment）为准。

（2）确认修改内容

收到修改完的信用证后，卖方应逐项核对，确定原问题均已解决，以免买方部分修改或有所遗漏。

二、信用证审核

1. 主体与基础条款审核

要求		审核结果
开证申请人与受益人	名称、地址需与合同完全一致，避免拼写错误（如“Co., Ltd.”与“Ltd.”可能被视为不符）	
	受益人交单银行信息需准确，以确保后续议付顺畅	

续表

要求		审核结果
信用证类型	必须是不可撤销信用证（Irrevocable L/C），拒绝可撤销类型	
	若合同约定保兑，需审核保兑行是否加具保兑声明	
时间节点	有效期：需覆盖装运期后 15 ～ 21 天，以便制单交单	
	交单期：若信用证未明确，根据《UCP 600》默认为装运后 21 天内，且需在有效期内	

2. 装运与货物条款审核

要求		审核结果
装运信息	装运港、目的港需与合同一致，若允许多港口，需评估物流的可行性	
	装运期需合理明确，避免“尽快装运”等模糊表述；若允许多批装运或转运，需与运输计划匹配	
货物描述	名称、规格、数量、包装等应与信用证完全一致，制单时需照搬信用证描述（如包含 HS 编码、品牌等）。即使与合同表述略有差异，也应以信用证为准	

3. 单据要求审核

要求		审核结果
核心单据	商业发票抬头为开证申请人，金额与信用证一致，货物描述完全匹配	
运输单据	海运提单应为清洁已装船，收货人、通知人信息准确无误，装运日期符合信用证要求	
	其他运输单据（如空运单）应确认信用证是否接受，运费支付方式（预付 / 到付）需与贸易术语一致（如 CIF 对应运费预付）	
保险单据（CIF 术语）	保险金额为发票金额的 110%，险别符合信用证要求，保单需正确背书	
辅助单据	原产地证书需由指定机构出具（如贸促会），明确原产地（如“中国原产”）	
	检验证书需明确检验机构（如 SGS）、检验内容，检验日期需在装运日期前	
	装箱单、重量单等应与发票、提单一致，包装应符合信用证要求（如木箱包装）	

4. 风险条款审核

要求		审核结果
警惕软条款	避免“客检证书”“买方确认后装运”等条款，因为会使卖方丧失交单主动权，导致拒付款等情形	
	拒绝非单据化条款（如货物到达后买方确认质量），因为无法通过单据证明履约	
费用与货币	明确银行费用承担方（如开证费由买方承担，议付费由卖方承担），避免额外成本	
	货币需与合同一致，对于非主要货币，需考虑汇率风险，可约定汇率锁定或提前结汇	
银行责任	若为“自由议付”信用证，卖方可选择任意银行交单；若指定议付行，需确认其在中国的可操作性	
	偿付条款需明确（如开证行收到单据后5个工作日内偿付），以免收款延迟	

5. 不符点预判与处理

（1）若可能会出现不符点（如装运期紧张），卖方需提前与买方沟通，争取让其接受不符点，或要求开证行出具“接受不符点保函”。但需注意，开证行仍可因单据表面不符而拒付。

（2）对于非实质性不符点（如轻微拼写错误），卖方可尝试交单并附“不符点声明”；对于重大不符点（如金额错误），需与卖方紧急协商，改为其他付款方式。

是否有不符点，若有，不符点是什么：

三、审核后的操作

1. 制作审证报告

买方应整理审核问题，区分“需修改项”和“可接受项”，以正式报告的形式提交给买方及公司内部部门（如单证、财务部门），以明确风险点及责任。

2. 交单前最终复核

装运后，对照信用证制作 “交单检查单”，并逐项检查。

检查内容	检查结果
提单日期是否在装运期内	
保险单日期是否早于或等于提单日期	
所有单据签字、盖章是否齐全	
交单时间是否在有效期及交单期内	

3. 资料归档

留存信用证、修改书、沟通记录（如邮件、催证函）等资料，以备后续交单、退税及争议处理使用。

第七章

备货各环节业务跟进

外贸人员应围绕交期、质量、合规、成本四大维度，协调工厂、质检、物流等多方资源，确保货物按时、按质、按量交付。

一、备货前期的工作

1. 核对订单与合同细节

核对项目	细节和方法	核对结果
产品标准	（1）对照合同、信用证（如有）及客户确认的样品，明确产品规格、材质、包装、数量、唛头等内容（如纸箱需印刷客户LOGO、每箱净重10kg±0.5kg等） （2）若涉及认证（如CE、FDA、ISO），需提前确认工厂资质，以免后期验厂或检测不合格	
交期节点	根据合同约定的装运期，倒推备货完成时间（如装运前15天需完成生产，预留7天质检/报关时间），与工厂确认生产排期，明确最晚开工日和各工序截止时间（如原材料采购3天、生产7天、包装2天）	
特殊要求	记录客户对包装（如中性包装、环保材料）、唛头（如正唛含目的港、件号，侧唛含毛净重）、标签（如语言、条形码）等的特殊要求，必要时提供设计稿或样例	

2. 选择供应商

（1）工厂评估

优先选择合作过的优质供应商，或通过实地验厂、第三方审核（如SGS）等方式筛选产能、工艺或品控能力较强的工厂。

对于首次合作的工厂，可要求其提供生产流程表、设备清单、近期交货记录，评估其供货的可靠性。

（2）签订生产合同

与工厂签订采购合同，明确违约条款（如延期交货每日扣1%货款）、质量责任（如不合格品免费退换）、付款方式（如30%定金、70%见提单副本付款）。

若为定制产品，需约定产前样品确认流程（如客户确认样品后再生产大货）。

合作工厂情况：

二、备货中期的工作

1. 生产进度跟踪

（1）建立沟通机制

每周（或根据生产周期）向工厂索要生产进度表，明确原材料到厂时间、各工序完成进度、预计完工时间。

对于关键节点（如投料、半成品入库、包装等），要求工厂提供照片或视频。

工序	原材料到厂时间	完工进度	预计完工时间
工序 1	年　月　日	（　）%	年　月　日
工序 2	年　月　日	（　）%	年　月　日
工序 3	年　月　日	（　）%	年　月　日
……	年　月　日	（　）%	年　月　日

（2）异常预警与应对

若工厂生产进度延迟（如原材料缺货），应立即启动备选方案。

① 协调其他供应商供货，或与客户协商延迟交期（需书面沟通并获得客户确认）。

② 若工厂无法按时完工，评估是分批交货（需信用证 / 合同允许）还是部分外发加工（需客户及工厂同意）。

2. 质量把控

（1）产前样确认

大货生产前，要求工厂提供产前样，并寄给客户确认。将客户签字的样品留存，作为大货验收的标准。

（2）中期验货（During Production Inspection）

工厂生产进度完成 50% ～ 70% 时，安排质检员或第三方机构（如 BV、

CCIC）进行抽检。

① 检查原材料是否与订单一致（如面料成分、配件品牌）。

② 测试工艺是否符合标准（如强度、功能、性能），记录不合格品率（如抽样 50 件，次品率＞ 3% 需返工）。

（3）尾期验货（Final Inspection）

在工厂生产完成 80% 以上且包装前，进行全面检验。

检验内容	检验结果
数量：清点实际库存，确保与订单一致（如允许 ±5% 溢短装）	
外观：颜色、尺寸、LOGO 印刷位置等是否符合要求	
包装：箱唛、防潮 / 防震措施、外箱强度（如纸箱耐压测试）是否达标	
随附文件：合格证、检测报告、原产地证书等是否齐全	

3. 包装与唛头管理

（1）包装管理

按客户要求制作包装清单（Packing List），明确每箱产品的型号、数量、毛净重，避免混装错装。

包装清单（Packing List）

卖方（Seller）：（公司名称）

地址（Address）：（公司地址）

联系电话（Tel）：（电话号码）

买方（Buyer）：（客户公司名称）

地址（Address）：（客户地址）

联系电话（Tel）：（客户电话）

订单号（Order No.）：（具体订单编号）

发票号（Invoice No.）：（对应发票编号）

运输方式（Mode of Transport）：（海运 / 空运等）

装运港（Port of Loading）：（出发港口名称）

目的港（Port of Destination）：（目的港口名称）

唛头（Shipping Mark）：（唛头样式，如无则填 N/M）

序号（No.）	货物名称（Description of Goods）	规格型号（Model）	包装形式（Packing Type）	数量（Quantity）	毛重（Gross Weight, kg）	净重（Net Weight, kg）	体积（Measurement, m^3）
1	智能手表	具体型号，如 ABC-001	单个纸盒包装，每 10 个装一纸箱	100 个	50（单箱）	40（单箱）	0.1（单箱）
2	配套充电线	适用型号，如 X-01	塑料袋包装，每 50 根装一纸箱	500 根	30（单箱）	25（单箱）	0.08（单箱）
3	使用说明书（多语言版）	—	每 100 份装订成册，装入文件袋，每 5 袋放一纸箱	500 份	10（单箱）	8（单箱）	0.03（单箱）

易碎品需加泡沫 / 木箱进行固定，液体产品需进行防漏处理，并粘贴警示标签（如“易碎”“向上”）。

（2）唛头核对

核对内容	核对结果
正唛（Main Mark）包含客户名称、目的港、订单号、件号	
侧唛（Side Mark）标注毛重、净重、尺码，字迹清晰不褪色	

三、备货后期的工作

1. 产品预验收

（1）工厂自检报告：要求工厂出具成品检验报告，包含尺寸、性能、包装等检测数据，不合格项需在交货前 3 天完成整改。

（2）外贸员现场验货：若条件允许，交货前 1 ～ 2 天外贸员到工厂进行抽检，重点核对尾数、包装完整性、唛头准确性，确认无误后签署验收单。

2. 应急储备

对高风险产品（如定制款），可与工厂协商，预留 5% ～ 10% 的备用品，以应对运输破损或客户临时加单等情况。

四、常见问题处理

常见问题	应对方案
工厂产能不足，延迟交货	①要求工厂加班或外发加工，并承担额外费用；②按合同索赔；③与客户协商分批交货
原材料涨价，工厂拒绝生产	①依据合同追究工厂违约责任；②与工厂分担成本（如各承担50%）；③寻找替代供应商
质检发现批量不合格	①要求工厂在24小时内返工；②若工厂无法按时完成，交给备用供应商生产；③与客户协商折价处理
包装唛头印刷错误	①紧急重新印刷包装；②若时间紧迫，加贴校正标签（需客户书面确认）

第八章

出货与运输安排

外贸人员在安排出货与运输时，需兼顾效率与风险控制。

一、出货前的准备

1. 主要准备工作列表

准备工作	详细说明
订单与货物最终确认	(1) 全维度核对：对照合同 / 信用证，确认货物的规格、数量、包装（如木箱 / 纸箱）、唛头（运输标志）等是否完全一致，以避免货单不符导致清关延误 (2) 生产进度把控：提前 7 ～ 10 天与工厂确认备货状态。若工厂生产延迟，立即启动备选方案（如调配其他供应商库存）
质检与认证完成	(1) 需要商检的产品（如机电产品、纺织品），提前申请出境货物通关单 (2) 原产地证书（如 FORM E、FORM A）需在出货前 3 ～ 5 天办理完毕，确保与提单日期匹配

2. 物流方案选择

（1）运输方式决策矩阵

货物属性	推荐方式	成本参考（以 20 英尺柜为例，1 英尺约为 30.48 厘米）	时效
大宗低价值货物	海运	800 ～ 1500 美元（中国—欧洲）	25 ～ 40 天
紧急高价值货物	空运	3000 ～ 5000 美元（中国—美国）	3 ～ 7 天
东南亚小件	陆运	500 ～ 800 美元（中国—越南）	5 ～ 10 天
样品 / 文件	快递	50 ～ 150 美元（DHL 中国—全球）	2 ～ 5 天

物流方式、报价：

（2）货代筛选标准

优先选择有NVOCC资质（无船承运人）的货代公司，要求其提供过往3个同航线的操作案例。对比报价时需明确是否含码头费（THC）、文件费等隐性成本。

与2～3家货代公司保持合作，当主用物流公司突发问题（如船公司甩柜）时，可快速切换至备用公司，以减少损失。

货代公司名称、电话、联系人、微信号：

3. 订舱与舱位锁定

（1）订舱时效

海运旺季（3～5月、8～10月）需提前21天订舱，淡季可提前7～10天；空运需提前5～7天确认舱位，以免因航空舱位紧张导致发货延迟。

预计于　年　月　日完成订舱。

（2）订舱信息

① 基本信息：发货人 / 收货人英文全称、地址、联系方式。

② 货物详情：中英文品名（需符合HS编码申报要求）、毛重 / 净重（精确到0.1千克）、体积（保留3位小数）。

③ 特殊要求：如需要冷藏箱（RF）、危险品申报、目的港免用箱期申请等。

二、出货管控

1. 货物集港与报关操作

（1）整柜（FCL）流程

安排拖车时要求司机提供集装箱号及铅封号，装柜时需拍摄集装箱的前、中、后三张照片（含箱号、货物全景），以作为货损争议的证据。

重柜需在截港24小时前抵达码头，以避免产生“超期费”。

（2）拼箱（LCL）流程

按货代公司指定的地址送货，同时注意仓库进仓单的要求（如是否需贴唛、分票标记）。

拼箱货申报的重量与实际误差需控制在5%以内，否则可能会面临目的港罚款。

（3）出口报关

委托报关行时，需提供“申报要素”模板（如材质、用途、品牌），以确保HS编码归类准确（可参考《中华人民共和国海关进出口商品规范申报目录》）。

若遇海关查验，应立即联系货代公司协调处理，同时向客户说明延误原因，并提供查验报告副本。

2. 装船与运输单据获取

（1）提单（B/L）

海运提单需明确“SHIPPER”为出口方，“CONSIGNEE”一栏按付款方式填写（如T/T预付可写客户名称，信用证项下需按L/C要求填写）。

电放提单（Telex Release B/L）需在订舱时提前申请，以节省邮寄时间，但需确保货款到账。

（2）航空运单（AWB）

需注明“运费预付”（Freight Prepaid）或“运费到付”（Freight Collect），并提醒客户凭运单副本与身份证提货。

三、物流跟踪

1. 全流程节点监控

（1）建立追踪台账

日期	节点	状态描述	操作人	备注

（2）异常情况响应

若货物延迟超过3天，立即启动“三级沟通”机制，首先联系货代/船公司获取书面延误证明，然后向客户提供补偿方案（如减免部分运费、下次订单给予折扣），最后通知财务部门调整收汇计划。

2. 客户沟通的关键时点

关键时点	沟通事项	执行记录
发货后 24 小时内	（1）发送装运通知（含提单副本、箱单发票、保险单），提醒客户 （2）若为信用证付款，需在交单期内（通常为提单日后 15 天）向银行交单 （3）目的港清关所需文件（如原产地证需当地商会认证）的办理时限	年　月　日发送装运通知 年　月　日向银行交单
货物到港前 7 天	（1）提醒客户准备支付关税、安排本地清关代理，并确认是否需要协助办理“进口许可证” （2）若为 DDP（完税后交货）条款，提前与客户确认最终送货地址及卸货要求	年　月　日提醒客户
货物签收后 48 小时内	（1）跟进客户反馈，确认货物数量是否相符、包装是否完好，并获取“签收单”副本进行存档 （2）主动收集客户对物流的意见，为后续合作奠定基础	年　月　日跟客户联系确认

四、单据管理

1. 议付单据的“五审原则”

（1）表面一致性：发票金额≤信用证金额，提单日期不晚于信用证最迟装运期。

（2）逻辑一致性：装箱单毛重≤提单毛重，保险单日期不晚于提单日期。

（3）法规符合性：涉及反倾销产品（如光伏组件）时，需提供原产地声明，以避免目的港征收反倾销税。

（4）签章规范性：商业发票需由受益人签字盖章，原产地证需由贸促会/商检局签章。

（5）快递追踪性：通过 DHL/UPS 寄送单据时，需保留底单并追踪签收记录，确保单据安全抵达。

2. 风险防控要点

（1）付款方式陷阱

① 避免使用“记名提单”（Straight B/L），因为这种情况下收货人无须正本

提单即可提货；建议采用“指示提单”（To Order B/L）并背书。

② 出货与收汇间隔超过 30 天时，可通过银行办理“远期结汇”，锁定汇率。

（2）合规的红线

① 在美国市场，需注意“实体清单”（Entity List），避免与受限客户交易。

② 在欧盟市场，需符合 CE 认证、EPR（包装法）等最新法规。

五、常见问题处理

问题 1：客户临时改港

处理步骤如下图所示。

第一步	确认新港口是否在原船公司航线覆盖范围内，若需中转，应核算额外费用（如转船费、仓储费）
第二步	要求客户出具“改港申请书”并加盖公章，以作为修改提单的依据
第三步	若已报关，需向海关申请“删单重报”，重新办理出口退税手续
第四步	同步通知目的港代理人更新清关文件，避免产生“滞港费”

客户临时改港的处理步骤

问题 2：目的港无人提货

预防措施	出货前核实客户进口资质，要求其预付 30% 以上货款
应急处理	（1）7 天内联系客户确认原因，若为资金问题，可与其协商分期付款或仓储费分担 （2）15 天内仍无进展，启动“转卖 / 退运”流程 ① 转卖：通过当地货代公司寻找新买家，但需原客户出具“放货函”（Letter of Release） ② 退运：向目的港海关申请“退运报关”，部分国家（如印度）退运需原收货人同意

六、数字化工具推荐

1. 物流追踪

使用“17TRACK”或“ShipTrack”整合多平台物流单号，自动推送状态更新信息。

2. 成本核算

用“赛狐 ERP”或“易仓科技”系统自动计算运费、保险费、清关费，并生成利润分析报表。

3. 单据管理

通过“阿里外贸服务平台”或“腾讯电子签”，可实现单据电子化存储与共享，支持移动端实时查阅。

选择的数字化工具为：

通过标准化的流程、数字化的工具与有效的风险管理，外贸人员可有效提升出货与物流环节的效率，为与客户的长期合作奠定基础。

第九章

报　检

报检需遵循的核心原则是提前规划、单据一致、合规操作，以确保货物顺利通过检验检疫。如有特殊商品或特殊要求，应提前咨询属地海关或专业代理机构，以确保报检过程顺畅。

一、报检的基本概念

报检是指出口企业向国家出入境检验检疫机构（如中华人民共和国海关总署下属的各地海关）申报出口货物、提交相关单据并接受检验检疫，以获取通关凭证（如出境货物通关单）的过程。

适用场景：

（1）国家规定的法定检验商品（如食品、化妆品、机电产品等）。

（2）合同或信用证中明确要求检验的货物。

（3）目的国海关要求提供检验检疫证书的货物。

二、报检流程与操作要点

1. 明确报检要求

（1）确认商品是否在法定检验范围内

通过《出入境检验检疫机构实施检验检疫的进出境商品目录》（HS 编码对应监管条件）查询，若监管条件含“B”，则需出口报检。

（2）了解目的国法规

如欧盟对食品的安全认证（FSC）、美国对木制品的熏蒸要求、中东对包装标签的特殊规定等。

（3）核对合同 / 信用证条款

确认是否需要特定证书（如品质证书、原产地证书、卫生证书等）及证书的出具机构（如 CCIC、SGS 等）。

2. 准备报检所需单据

（1）基础单据

类别	单据名称及要求	准备情况
报检单	需完整填写商品信息（HS 编码、数量、重量、包装等）、贸易方式、运输信息等资料，并加盖企业公章	
商业发票	注明货物名称、数量、单价、总值等	
装箱单	详细列出每箱货物的规格、数量、毛重、净重、唛头等	
外贸合同 / 信用证	证明贸易关系及检验要求	
提 / 运单	若已订舱，需提供运输单据（如海运提单草本）	

（2）特殊单据

单据名称	准备情况
生产许可证（如机电产品、危险品）	
厂检单（工厂出具的质量检验报告）	
熏蒸 / 消毒证书（针对木质包装或动植物产品）	
原产地证书（如 FORM E、FORM A 等）	

3. 申报与检验检疫

（1）申报方式

电子报检：通过“单一窗口”或当地海关电子申报系统提交报检信息，并实时关注海关反馈。

现场申报：前往海关检验检疫窗口递交纸质单据（适用于特殊情况）。

（2）检验检疫

海关根据货物属性决定是否抽检（如包装检查、品质检测、微生物检验等）。

（3）检验结果

合格：出具出境货物通关单及相关检验证书。

不合格：整改后申请复验，重新检验合格后方可通关。

4. 领取检验检疫证书

（1）主要证书类型

出境货物通关单：海关凭此单放行货物，需在报关时提交。

品质证书（Quality Certificate）：证明货物质量符合标准。

卫生证书（Sanitary Certificate）：适用于食品、化妆品等。

熏蒸证书（Fumigation Certificate）：木质包装的消毒证明。

（2）注意事项

证书日期应在报关日期之前，且在有效期内（如植物产品通常为 14 天）。

证书内容需与报关单、信用证完全一致（如货物描述、数量、唛头等）。

三、报检的注意事项

1. 时间节点把控

（1）提前报检：需在货物备妥后、装运前完成报检（通常提前 7 ～ 10 天），以免延误船期。

（2）有效期管理：注意检验证书的有效期，如超过有效期需重新报检。

2. 单据一致

报检单、商业发票、装箱单、信用证等单据中的货物名称、HS 编码、数量、包装等信息必须完全一致，否则可能导致退单或引起海关质疑。

3. 特殊商品处理

（1）危险品：需提供出境危险货物运输包装使用鉴定结果单、出境危险货物运输包装性能检验结果单，并按危险品处理流程申报。

（2）动植物产品：需提前办理检疫审批（如进境动植物检疫许可证），并确保包装符合国际标准（如木质包装需有 IPPC 标识）。

4. 与其他环节的协同

（1）与工厂 / 供应商沟通：确保货物包装、标识符合检验要求（如唛头清晰、附有中文标签等）。

（2）与货代 / 报关行协作：提前告知报检进度，确保报关时能及时提交通关单。

四、常见问题处理

常见问题	应对措施
报检后货物需改包装 / 数量	及时向海关申请更改报检单，重新提交单据并说明原因，以免影响通关
检验不合格	分析原因（如品质、包装等），整改后重新报检
信用证要求特殊检验机构检验	提前与客户确认是否接受中国海关或第三方机构（如 SGS）的检验，必要时可委托代办

续表

常见问题	应对措施
木质包装未做熏蒸处理	联系有资质的熏蒸公司补处理，取得熏蒸 / 消毒证书后重新申报

五、数字化工具推荐

（1）国际贸易“单一窗口”：全国统一的电子化平台，外贸人员可在线完成报检、报关、退税等全流程操作，提升工作效率。

（2）企业端报检系统：如“中国电子检验检疫业务网”，可实现电子单据提交、状态查询及证书下载等功能。

第十章

报 关

报关是外贸业务的核心环节，外贸人员需遵循“准确申报、合规操作、高效协同”原则，严格按照时间节点完成各项工作，并借助数字化工具提升效率。

一、报关前的准备

1. 确认报关主体与资质

（1）自理报关：企业需提前至少 5 个工作日办理报关注册登记证书，以确保获得报关资质。

（2）代理报关：委托专业报关行（需具备报关资质）处理时，应在报关前 3 个工作日签署代理报关委托书，明确双方责任。

（3）特殊资质：若涉及食品、危险品、医疗器械等特殊商品，需提前 1 ～ 2 个月办理相关许可证（如食品经营许可证、危包证等），以免因资质不全而影响报关进度。

2. 准确确定 HS 编码

（1）核心依据：根据货物的材质、用途、功能等，对照《中华人民共和国海关进出口商品规范申报目录》及《HS 编码手册》，确定货物的唯一编码。建议企业在货物生产完成或确定规格后，就着手确定 HS 编码，以免因编码错误而导致报关延误。

（2）关键点：同一商品的不同规格可能对应不同的编码（如服装的面料成分）。错误归类可能导致税率错误、监管证件遗漏或海关处罚，建议企业通过海关预归类服务或专业工具（如归类通 APP）进行确认。预归类申请通常在 3 ～ 5 个工作日内出结果。

商品名称	规格	HS 编码

3. 准备报关所需文件

（1）基本单据

单据名	说明	办理情况
报关单	通过单一窗口或报关系统准确填写电子数据（包括商品名称、HS 编码、数量、单价、原产地等）。建议在预计报关时间前 2 ～ 3 个工作日完成初稿，以预留足够时间进行核对修改	在　　年　月　日之前办理
商业发票、装箱单、外贸合同	应与实际货物一致，注明成交方式（FOB/CIF 等）、币制等内容，在货物备妥后立即制作，并确保信息准确无误	在　　年　月　日之前制作完成
提 / 运单	海运提单（B/L）、航空运单（AWB）等，需显示船名 / 航班号、航次、集装箱号等信息，通常在订舱后 1 ～ 2 个工作日获取，并仔细核对信息	在　　年　月　日之前获得
代理报关委托书（如委托报关行）	确定报关行后，3 个工作日内完成签署	在　　年　月　日之前完成

（2）特殊单据

单据名	说明	办理情况
许可证件	如进出口许可证、濒危物种允许进出口证明书、两用物项许可证等，办理周期较长，需根据证件类型，提前 1 ～ 3 个月进行申请	在　　年　月　日之前申请
原产地证书	如需要享受关税优惠（如 FORM E、FORM A），应在货物出运前 5 ～ 7 个工作日向海关或贸促会申请，以免因事后补签而影响清关	在　　年　月　日之前申请
减免税证明	适合特定的减免税货物（如进口设备），需在报关前至少 10 个工作日完成办理	在　　年　月　日之前办理
报检通关单	法检商品需先报检后报关，报检应至少提前 5 天申请（需预留检验和出单时间），拿到通关单后再进行报关操作	在　　年　月　日之前办理

二、报关全流程

1. 电子申报（线上为主）

（1）申报平台

通过中国国际贸易单一窗口或海关总署“互联网 + 海关”平台提交报关单及电子单据。

（2）申报时间

出口：货物运抵海关监管区后，在装货前24小时内申报。建议提前完成申报数据的录入，以免临近截止时间时因系统繁忙或出现问题而导致申报失败。

进口：在货物抵港后、提货前申报（以免因超期而产生滞报金）。一般在货物预计抵港前3～5个工作日开始准备申报数据，货物抵港后可立即提交。

（3）数据核对

提交前要确认申报内容与货物、信用证（如有）一致，商品数量、重量与装箱单一致；成交价格与发票价格一致（涉及海关审价）；监管条件对应证件应齐全（如显示“A”需入境检验，“B”需出境检验）。核对工作应在申报前1～2小时完成，确保无疏漏。

2. 海关审核

（1）初审（电脑+人工）

由系统自动校验报关单的逻辑（如HS编码与监管条件的匹配性）；人工审核单据的完整性、商品归类的准确性。初审时间一般为0.5～1个工作日，遇到问题需及时按照海关要求，补充相关材料。

（2）海关审价

若申报价格低于海关基准价，需提供付汇凭证、原厂发票、价格磋商记录等资料，以证明价格真实性。接受海关估价结果后，即进入税费计算环节。审价流程通常需要1～3个工作日，其间企业需与海关保持密切沟通，及时提交所需资料。

（3）现场查验（随机或指令性）

	具体说明	办理情况
查验通知	收到查验通知书后，应在2小时内协调物流公司安排查验场地（如码头查验区），并准备好货物装箱单、厂检单等相关文件，确保查验顺利进行	
查验内容	核对货物实际状态与申报信息是否一致（如数量、规格、包装、商标等），有可能进行抽样检测（如食品、危险品）	
查验要点	提前与仓库/货代确认货物位置，并陪同查验人员一起作业，及时解答他们的提问，发现申报错误应立即说明。查验时间根据货物复杂程度而定，一般为0.5～2个工作日	

3. 税费缴纳与放行

（1）计算税费

进口环节：关税=完税价格×关税税率；增值税=（完税价格+关税）×增

值税率。

出口环节：大部分商品免征出口税（稀有资源、农产品等除外）。海关完成审价后，企业应在 0.5 个工作日内完成税费计算，以确保心中有数。

（2）支付方式

可通过单一窗口“税费办理”模块选择三方协议支付（企业、海关、银行签约）、银联 / 支付宝 / 微信支付，也可到柜台缴费。

符合条件的企业可申请“汇总征税”或“关税保证保险”，以缓解资金压力。支付操作应在收到税费缴纳通知后 1 个工作日内完成，以免逾期产生滞纳金。

（3）海关放行

税费缴清且查验无问题后，海关会在提运单上加盖放行章（或电子放行）。出口货物凭放行单装船，进口货物凭放行单提货，放行流程一般在税费缴纳后 0.5 ～ 1 个工作日内完成，企业可实时通过单一窗口查询放行状态。

三、报关注意事项

1. 申报的准确性与合规性

（1）禁止瞒报 / 伪报

如果将高税率商品申报为低税率或隐藏、夹带禁止进出口的物品，可能面临罚款、没收货物甚至刑事处罚。企业在准备申报资料时，务必严格核对，确保真实准确。

（2）价格申报

企业应如实申报成交价格，若涉及佣金、折扣，需在报关单中注明。跨境电商货物需区分 B2B（一般贸易）与 B2C（跨境电商综试区模式），以选择不同的报关流程。价格申报前需仔细梳理交易细节，以免因价格问题引起海关质疑。

2. 时间与成本管理

（1）避免滞港 / 滞箱

① 进口货物应及时申报，以免超期滞报（免费堆存期通常为 3 ～ 7 天），超期费用通常较高。

② 出口货物应提前确认截单时间，确保在截单前完成报关。

（2）选择合适的通关模式

① 提前申报：出口货物可在运抵监管区前申报，以缩短口岸停留时间。

② 属地申报、口岸验放：适用于跨关区货物，可减少口岸查验等待时间。应

根据货物实际情况，合理选择通关模式，提高工作效率。

3. 特殊货物处理

（1）危险品：需提供出境危险货物运输包装使用鉴定结果单，在包装上粘贴危险品标志，走指定查验通道。相关手续应在货物出运前至少 7 个工作日内办理完毕。

（2）保税货物：如加工贸易项下的货物，需通过金关工程二期系统办理手册备案，并在报关时关联手册号，以免关税漏缴。手册备案需在货物进口或出口前 15 ～ 30 个工作日完成。

（3）退运货物：需提供原出口报关单、退运协议、商检证明等资料，申请退运货物报关单，可能涉及免关税或退税，应在货物决定退运后 3 ～ 5 个工作日提出退运申请。

4. 与各方高效协作

工作	要求	确认情况
内部沟通	与物流部门确认货物到港时间、集装箱号	
	与财务部门确认税费支付账户。应在报关前 3 ～ 5 个工作日完成沟通，确保信息同步	
外部对接	报关行：提前 24 小时提供完整单据，明确申报要求（如是否需要品牌申报、知识产权备案等）	
	海关 / 货代：实时跟踪报关状态，如需查验，第一时间告知物流部门调整送货计划	

四、常见问题处理

常见问题	应对措施	
报关单数据错误（未放行）	立即申请删改单，提交报关单修改 / 撤销申请表及更正证明文件，以免影响后续退税。申请应在发现错误后 1 个工作日内提交	
海关查验发现货单不符	若为申报错误，应主动说明情况并接受处罚；若为货物错发，应紧急联系客户，确认是接收货物还是安排退运或换货。需在查验发现问题后 24 小时内采取应对措施	
进口货物关税争议	提供完整的价格证明文件（如采购合同、支付凭证），向海关申请价格磋商；或先缴税提货，后续再申请行政复议。应在收到关税争议通知后 2 ～ 3 个工作日内准备资料并采取行动	

续表

常见问题	应对措施	
出口退税联丢失	向海关申请补办出口货物报关单证明，需提供情况说明、原报关单复印件等资料。应在发现丢失后 3 ～ 5 个工作日内提交申请	

五、工具与资源推荐

工具与资源	详细说明
中国国际贸易单一窗口	具有报关、报检、税费、退税等功能，支持全程无纸化操作，可实时在线处理业务
海关总署 12360 热线	工作日提供服务，可及时解答最新政策、争议、通关等问题
专业报关行	如中外运报关、中远海运报关，可提供预归类、关税筹划等增值服务
关务管理系统	如金关之星、QP 系统，适合高频报关企业批量处理单据，可提高工作效率

第十一章

货物运输投保

在货物出运之前，外贸人员应着手办理货物运输投保事宜。

一、投保前的准备

1. 明确投保责任归属

根据贸易术语确定投保方：

（1）CIF/CIP：卖方负责投保，按合同约定的险别和金额购买保险。

（2）FOB/FCA、CFR/CPT：买方负责投保，外贸人员应提醒买方及时投保，避免出现保险空白期。若买方委托卖方代办，需签订委托协议，明确保费承担方和操作流程。

2. 选择险种

（1）货物特性

根据货物属性选择对应险种，如易碎品（陶瓷、玻璃）需加保“碰损破碎险”；食品、药品需投保“受潮受热险”；危险品需确认保险公司是否承保。

（2）运输方式

海运：常见的有“平安险”“水渍险”“一切险”，其中一切险覆盖范围最广，包含一般外来风险（偷窃、雨淋等）。

空运：选择“航空运输险”或“航空运输一切险”。

陆运：投保“陆上运输险”或“陆上运输一切险”。

目的地风险：针对高风险地区（如政局动荡、海盗频发海域），可加保“战争险”“罢工险”等特殊险。

3. 确定保险金额与费率

金额计算：一般按货物发票金额的 110% 投保（加成 10% 覆盖预期利润），即保险金额 = 发票金额 ×110%。

费率协商：与保险公司协商费率，影响因素包括货物种类、运输路线、投保金额、历史赔付记录等。

二、投保操作流程

1. 投保单填写与提交

（1）保险公司筛选：优先选择信誉良好、服务覆盖目的港的保险公司，如平安保险、人保财险、苏黎世保险等。

（2）填写投保单：详细填写信息，包括被保险人（通常为卖方或买方）、货物名称、数量、包装、唛头、运输工具、起运地、目的地、投保险别、保险金额等，确保内容与提单、发票一致。

2. 保费支付与保单确认

（1）保费支付：根据保险公司出具的保费通知单，在规定时间内完成支付，可选择电汇、信用证等方式。

（2）保单确认：收到保单后，认真核对保单信息，包括货物描述、险别、金额、生效日期（通常为货物离港 / 起运时生效）。若有错误，立即要求保险公司更正。

类别	核对项目	核对要点	核对结果
保单基本信息	保单号	确认保单号清晰且唯一，与保险公司系统的记录一致	
	投保人信息	确认投保人名称、地址、联系方式等与外贸合同主体信息相符	
	被保险人信息	被保险人名称应准确无误，若涉及多方（如买方、卖方、承运人），确认列明所有相关方	
	保险生效及终止日期	生效日期应早于货物起运日期，终止日期应覆盖货物到达目的地并完成交付的时间	
货物信息	货物名称及描述	与外贸合同、发票、装箱单中的货物名称、规格型号等描述完全一致	
	货物数量、重量、体积	货物数量、重量、体积数据应与运输单据、装箱单一致	
	货物价值	货物保险价值与发票金额相符，或按合同约定的加成比例计算后金额正确	
运输信息	运输工具	运输方式（海运、空运、陆运等）明确，运输工具名称、航次 / 车次 / 航班号等信息准确	
	起运地与目的地	与外贸合同约定的装运港 / 地、目的港 / 地一致	
	运输路线	若涉及中转，中转地、中转方式等信息准确且符合运输要求	

续表

类别	核对项目	核对要点	核对结果
保险责任赔偿条款	险别	投保的险种（如平安险、水渍险、一切险等）应与合同约定一致，确认附加险是否涵盖所有风险	
	保险责任范围	清楚保险条款列明的责任范围，明确哪些损失、费用属于保险赔付范畴	
	免赔条款	了解免赔额、免赔率等免赔条件，确认免赔金额的计算是否正确	
	赔偿地点	赔偿地点约定明确，一般为货物目的地或便于被保险人索赔的地点	
	赔偿货币	赔偿货币应与外贸合同结算货币一致，以免汇率损失	
	理赔流程及所需材料	明确理赔流程及时效要求，确认所需的材料清单（如保险单、运输单据、货损证明等）	
其他信息	保险公司信息	核对保险公司的名称、地址、联系方式、资质（如是否具备国际保险业务资格）等内容	
	保单签章	确认保单有保险公司正式的签章，签署人具有相应权限	
	批注及特别条款	检查保单是否存在批注或特别条款，确认其对保险责任是否有不利影响	

3. 保单背书与交付（海运提单场景）

（1）空白背书：当被保险人是卖方且采用指示提单时，需对保单进行空白背书（仅签署卖方名称），将保险权益转让给买方，确保买方在货物出险时可直接索赔。

（2）交付单据：将保单与其他运输单据（提单、发票等）一同提交给买方或银行（信用证付款方式下）。

三、保单跟踪与存档

外贸人员应建立保单管理台账，记录保单编号、生效日期、保险期限、保险公司名称等信息，并定期检查保单的有效性。

保单编号	投保人公司	名称	被保险人公司名称	保险公司名称	保单类型（如海运、陆运险、空运险等）	贸易术语（如FOB、CIF、CFR等）	运输工具（船/飞机/火车等）	运输路线（起运地至目的地）	货物名称及数量	货物价值（币种）	投保金额	投保金额计算依据	保险费率	保险费（币种）	保险期限（起始日期至结束日期）	保单生效日期	理赔联系人及方式	保单状态（有效/失效/待续费等）	备注

第十二章

货物运输过程跟踪

货物运输过程的有效管理，可以提高交货效率与客户的信任感，外贸人员可从物流状态实时监控、多方沟通与协作、目的港动态管理三方面入手。

一、物流状态实时监控

1. 全程追踪

发货后立即通过官网（如海运公司官网、空运的航空公司官网、快递的DHL或FedEx官网）或物流追踪工具（如17 TRACK、Ship Track）进行实时查询。

对于离港、中转、到港等运输关键节点，提前3～5天向货代/承运方二次确认运输状态。

2. 异常处理

发现航班延误、船只改道、物流信息长时间未更新等问题时，应在12小时内与客户协商，是更换运输方式还是延迟交付，并实时反馈事情进展。

二、多方沟通与协作

1. 定期对接

每周至少与货代、船公司沟通一次，掌握货物位置、运输时效及潜在风险。

2. 留档备查

保存邮件、通话记录，并建立台账记录沟通详情，以避免日后产生纠纷。

三、目的港动态管理

1. 清关提醒

货物到港前7～10天，通知客户准备发票、提单等资料，并确定清关代理，告知预计抵港时间。

2. 政策变动提醒

关注目的港的关税政策、检验法规，如有变动，在 24 小时内告知客户，共同商讨应对策略。

第十三章

客户收货跟进

客户收货过程关乎交易的成败与后续的合作，外贸人员可从到货通知、协助清关、验收跟进三方面着手。

一、到货通知

货物抵港后 24 小时内，通过邮件 / 即时通信工具向客户发送到货通知，内容涵盖：

提货信息：地址、联系人、电话。

必备文件：提单、发票、装箱单、原产地证书等。

关键提醒：提货期限，避免产生滞港费。

同时与客户电话确认，确保信息传达无遗漏。

货物到港通知

尊敬的客户：

您好！

您委托运输的货物已顺利抵达目的港。为了便于您及时提货，现将相关信息通知如下。

一、提货信息

提货地址：

联系人：

联系电话：

二、必备文件

提货时，请务必携带以下文件：

①提单（正本 / 电放提单）。

②商业发票。

③装箱单。

④原产地证明。

⑤其他相关文件（如有）。

三、关键提醒

请您务必在货物抵港后的（ ）天内办理提货手续，逾期未提货将产生滞港费及其他相关费用，需由您自行承担。为避免产生损失，请及时安排提货。

如有任何疑问或需要协助，请随时与我们联系。感谢您对我们工作的支持与配合！

顺祝商祺！

公司名称

通知日期

二、协助清关

1. 提前准备（到港前 7 ~ 10 天）

（1）梳理文件清单，协助客户核查清关文件，如有缺失，应立即补齐。

（2）确认清关代理已到位，必要时推荐优质代理资源。

2. 问题处理

（1）文件异常：24 小时内协助客户修正或补充文件。

（2）海关查验：实时对接货代、报关行，并向客户反馈进度。

（3）税费争议：提供合同、发票等证明，配合客户与海关协商。

三、验收跟进

1. 主动询问（收货后 3 ~ 5 天）

通过多种渠道询问货物状态，主要关注数量的准确性、包装的完整性及质量达标情况。

2. 快速响应

（1）收到反馈（如少货、货损、质量不符等）后立即启动调查程序，要求客户提供照片 / 视频等证据。

（2）48 小时内给出初步解决方案（补货、换货、赔偿等）。

（3）对于复杂问题应成立专项小组，定期汇报工作进展直至问题彻底解决。

第十四章

货款回收

外贸人员应以合同约定为基础，精准锁定不同收款方式的时间节点，确保货款及时收回。

一、锁定关键节点

1. T/T（电汇）付款

（1）定金确认：出货前 100% 确认定金到账，杜绝无预付款发货。

（2）尾款催收：货物到港或验收后 3 ～ 5 个工作日内，通过邮件 / 电话向客户发送包含金额、账户、截止日等信息的明细单；对于老客户，可在到期前 1 ～ 2 天进行提醒。

2. L/C（信用证）付款

（1）单据提交：交单截止日前 3 ～ 5 天，确保商业发票、提单等单据与信用证条款完全匹配，以免因不符点遭客户拒付。

（2）进度追踪：交单后每日跟进银行审单进度，若超 5 ～ 7 个工作日未收到付款，立即向通知行 / 议付行查询原因。

3. 托收付款

（1）流程监控

单据抵达代收行后 2 ～ 3 个工作日内，督促其提示买方付款。

（2）风险防控

D/P（付款交单）：确认到账后放单。

D/A（承兑交单）：汇票到期前 3 ～ 5 天预警，避免信用违约。

二、账款逾期应对

1. 短期逾期（1 ～ 3 天）

友好地与客户沟通，询问其原因，并发送付款指引，明确付款流程。

2. 中期逾期（7 ～ 10 天）

发送正式的催款函，明确滞纳金比例及付款期限；同时配合电话沟通，以示提醒。

3. 长期逾期

委托专业机构开展资信调查，评估追款的可行性；若启动仲裁 / 诉讼程序，提前整理合同、单据、沟通记录等证据，并权衡客户关系与回款成本。

第十五章

客户关系维护

在竞争激烈的外贸市场中，优质的售后服务与良好的客户关系是提升客户忠诚度、促进长期合作的关键所在。

一、技术支持

对于技术含量较高的产品，为客户提供全面的技术支持，以确保产品顺利投入使用。

1. 前期指导

客户收货后，24 小时内主动向其发送详细的使用手册、高清的操作视频等资料，帮助客户初步了解产品。同时，安排专业的技术人员通过线上会议、电话等方式，为客户提供一对一的指导与培训，确保客户快速掌握基本操作。

2. 快速响应

客户提出技术问题后，在 24 小时内给予回应。针对常见问题，提供标准化的解决方案；对于复杂难题，安排技术人员远程或实地解决，最大限度地减少产品的使用障碍，提升客户对产品的满意度。

二、定期回访

定期回访是增强客户黏性、挖掘客户潜在需求的有效方式。

1. 首次回访

在客户收货后的 1 ～ 2 个月内进行首次回访，以了解产品使用体验和客户满意度。

2. 持续跟进

首次回访后，每 3 ～ 6 个月进行一次定期回访，持续关注客户动态。在回访过程中，可根据客户的采购数据与需求偏好，为其推荐公司的新产品、新服务或优惠活动，为二次合作创造机会。

首次回访日期：　　年　月　日
第二次回访日期：　　年　月　日
第三次回访日期：　　年　月　日

三、投诉处理

妥善处理客户投诉，是优化服务、提升客户关系的重要途径。

1. 快速响应

接到客户投诉后，在 24 小时内通过电话、邮件或即时通信工具与客户取得联系，认真倾听客户诉求，对客户的不满表示理解与重视，稳定客户情绪。

2. 高效解决

成立专门的投诉处理小组，对投诉问题展开深入调查，7 个工作日内制定具体的解决方案，并与客户沟通确认。

3. 复盘改进

问题解决后，对处理过程进行全面复盘，梳理问题产生的原因与获得的经验教训，并据此优化服务流程，避免类似问题再次发生。同时，向客户表达感谢，将投诉处理过程转化为提升客户满意度与忠诚度的契机。

复盘结果：